Armin Täubner

WIE AM SCHNÜRCHEN

Fensterbilder aus Tonkarton, Kordel, Schnur etc.

frechverlag

Von Armin Täubner sind im frechverlag viele weitere Bücher erschienen. Hier eine kleine Auswahl:

TOPP 2589

TOPP 2437

TOPP 2195

TOPP 2535

TOPP 2361

Fotos: frechverlag GmbH + Co. Druck KG, 70499 Stuttgart;
Fotostudio Täubner

Dieses Buch enthält:
2 Vorlagenbogen

Auflage	5.	4.	3.	2.	1.	Letzte Zahlen
Jahr	2004	2003	2002	2001	2000	maßgebend

frechverlag GmbH + Co. Druck KG, 70499 Stuttgart

ISBN 3-7724-2606-9 · Best.-Nr. 2606

Druck: frechverlag GmbH + Co. Druck KG, 70499 Stuttgart

Sie werden staunen, was sich mit wenig Arbeits- und Materialaufwand alles zaubern lässt: Putzige Waschbären entpuppen sich als Hochgebirgskletterer, schwer gewichtige Nilpferde in gestreiften Badeanzügen schaukeln um die Wette, ein mutiger Cowboy ist auf Rinderfang, Hase und Igel haben sich zum Seilzieh-Wettbewerb verabredet, während das quietschgelbe Entchen vergnügt auf dem Hochseil balanciert. Mit Tonkarton in verschiedenen Farben, Kordel, Schnüren oder Wollfäden basteln Große und Kleine wie am Schnürchen diese ausgefallenen Fensterbilder.

Viel Spaß wünscht Ihnen dabei
Ihr Armin Täubner

1. Pausen Sie die Motivteile nebeneinander mit Bleistift auf Transparentpapier (Architektenpapier) ab und kleben Sie das Papier auf einen dünnen Karton. Dann können Sie die Motivteile mit der Schere oder mit Hilfe des Cutters ausschneiden. Achten Sie beim Arbeiten mit dem Cutter auf eine geeignete Schneideunterlage. Die ausgeschnittenen Teile sind Ihre Schablonen.

2. Übertragen Sie die Umrisse der Schablonen in der benötigten Anzahl auf den Tonkarton in der gewünschten Farbe.

3. Jetzt schneiden Sie die Motivteile aus.

4. Nun folgt das Zusammenkleben der einzelnen Teile. Als Augen werden schwarze und weiße Klebepunkte (ø 8 mm, 12 mm und 18 mm) oder Wackelaugen derselben Größe aus dem Fachhandel verwendet. Mit einem weißen Lackstift können Sie noch Lichtreflexe auf die schwarzen Klebepunkt-Pupillen malen.

Wenn Sie's eilig haben

Dann können Sie auf das Anfertigen von Kartonschablonen auch verzichten. In diesem Fall legen Sie das Transparentpapier direkt auf den Tonkarton und ziehen den Umriss des Motivteils mit einem leer geschriebenen Kugelschreiber nach.

Die Kontur wird dadurch in den Tonkarton eingedrückt. Verwenden Sie keine volle Kugelschreibermine, denn diese schmiert schon nach kurzer Zeit. Wenn Sie ein Motivteil mehrfach benötigen, schneiden Sie es einmal aus und verwenden es dann als Schablone für die anderen Teile.

TIPP Sollen Vorder- und Rückseite gleich hübsch aussehen, müssen Sie fast alle Motivteile doppelt ausschneiden. Diese Teile werden in der gleichen Reihenfolge, jedoch spiegelverkehrt, auf die Rückseite geklebt.

So schneiden Sie zwei identische Motivteile aus

Ist der Umriss einer Schablone auf Tonkarton übertragen, schneiden Sie das Motivteil grob aus und heften es mit einem Tacker auf ein zweites, etwa gleich großes gleichfarbiges Tonkartonstück.

Wenn Sie nun den Umriss nachschneiden, erhalten Sie zwei identische Motivteile.

4.

Fäden, Kordeln, Schnüre

Für alle Modelle benötigen Sie Faden, Kordel oder Schnur. Nehmen Sie, was Ihnen am besten gefällt! Für die abgebildeten Motive wurden vor allem 2 mm bis 3 mm dicke Baumwollfäden verwendet. Sie sind glatter und dehnen sich weniger als gleichstarke Wollfäden. Es eignen sich sowohl gedrehte als auch geflochtene Garne. Bestimmt haben Sie Reste zu Hause, die Sie für Ihre Modelle verwenden können.

STRUMPFMÄUSE

(Anleitung Seite 8)

**Motivgröße ca.
15 cm x 28 cm und
17 cm x 23 cm**

STRUMPFMÄUSE

(Abbildung Seite 6/7)

MATERIAL:

- *Tonkarton*
- *Urselle-Papier*
- *Schwarze und weiße Klebepunkte (ø 8 mm und 12 mm)*
- *Schwarzer Filzstift*
- *Weißer Lackstift*
- *Kordel, Faden oder Schnur*
- *2 Wäscheklammern*

STRÜMPFE

Übertragen Sie die Umrisse der Strumpfteil-Schablone (einmal mit und einmal ohne Löcher) auf die glatte, weiße Seite des Urselle-Papiers. Die Teile werden ausgeschnitten. Dann kleben Sie das große Strumpfteil (rot bzw. gelb) auf gleichfarbigen Tonkarton und schneiden das Motiv erneut aus. Nun können die drei anderen Strumpfteile aufgeklebt werden.

MÄUSE

Am Kopf werden zuerst die Ohren und dann die Klebepunkt-Augen und die Nase angebracht. Malen Sie die Barthaare und das Wangengrübchen auf. Der Lichtreflex wird mit weißem Lackstift aufgetupft. Kleben Sie die Mäuse von hinten an die Strümpfe. Die Pfötchen der Maus im roten Strumpf werden von vorne am Strumpfrand fixiert. Das Schwänzchen und den Arm der zweiten Maus nicht vergessen!

TANZ AUF DEM DRAHTSEIL

MATERIAL:

- *Tonkarton*
- *Pünktchen-Tonkarton*
- *2 rote Knöpfe (ø 12 mm)*
- *Schwarzer Filzstift*
- *Kordel, Faden oder Schnur*

An der Hose werden von vorne die beiden Schuhe angeklebt. Ritzen Sie am rechten Schuh das nach unten überstehende Rechteck an der gepunkteten Linie mit dem Cutter an und klappen Sie es nach hinten um. So kann der Clown später am Faden befestigt werden. Das Hosenteil bringen Sie nun von hinten an der Jacke an. Fixieren Sie, ebenfalls von hinten, die Hände. Dann kleben Sie den Kragen, die Jackentaschen und die Knöpfe auf. Die linke Hand wird ebenfalls an der gepunkteten Linie angeritzt und der Schirmstock in die umgeklappte Hand geklebt. Den roten Schirm schneiden Sie aus gepunktetem Tonkarton aus. Gestalten Sie nun das Gesicht mit Augen, Mund und Nase. Der Kopf wird von vorne am Kragen angebracht und der blonde Haarschopf von hinten ergänzt. Setzen Sie dem Clown nun noch das Hütchen auf. Und schon kann der Tanz auf dem Seil beginnen.

Motivgröße
ca. 22 cm x 30 cm

HOCHSEIL-ARTISTEN

MATERIAL:

- *Tonkarton*
- *Schwarze und weiße Klebepunkte (ø 12 mm und 18 mm)*
- *Schwarzer Filzstift*
- *Weißer Lackstift*
- *Rundholzstäbchen (ø 3 mm, 12 cm lang)*
- *Kordel, Schnur oder Baumwollfaden*

Motivgröße ca.
20 cm x 30 cm und
9 cm x 40 cm

HOCHSEILARTISTEN

(Abbildung Seite 10/11)

HÄNGENDER FROSCH

Schneiden Sie den Unterschenkel (gestrichelte Linie) doppelt aus und kleben Sie beide Schenkel von hinten an die Knie des großen Körperteils. Nun können Sie erst die weiße Brust-Bauchfläche und dann den Kopf anbringen. Die Froschaugen sind Klebepunkte, auf die mit dem weißen Lackstift Lichtreflexe aufgetupft werden.
Mund und Nasenlöcher werden mit Bleistift leicht vorgezeichnet und dann mit Filzstift nachgezogen. Das Trapez ist ein Rundholzstäbchen, das an beiden Seiten - 1 cm von den Enden entfernt - mit dem Cutter leicht eingekerbt wird, sodass die später angeknüpften Wollfäden nicht verrutschen. Schieben Sie die Trapezstange in die Kniekehlen des Frosches.

KLETTERNDER FROSCH

Die Köpfe sind bei beiden Fröschen identisch. Bei dem kletternden Frosch wird zuerst die weiße Brust-Bauchfläche (gestrichelte Linie) aufgeklebt, bevor die rechten Gliedmaßen (gepunktete Linie) und der Kopf angebracht werden. Arm und Bein werden an der Schulter bzw. an der Hüfte des Froschkörpers so befestigt, dass der Wollfaden noch durchgezogen werden kann.

SEILHÜPFEN IST ANGESAGT

MATERIAL:

- *Tonkarton*
- *Streifen-Tonkarton*
- *Schwarze und weiße Klebepunkte (ø 8 mm und 12 mm)*
- *Schwarzer Filzstift*
- *Weißer Lackstift*
- *Geflochtener Wollfaden (Haarschleifen 2 x 18 cm, Springseil 52 cm)*

Schneiden Sie Hände, Beine und Schuhe doppelt aus. Die Hände werden an den gepunkteten Linien mit dem Cutter leicht angeritzt und umgeklappt. Dann können Sie die Hände und die Beine von hinten am Kleid ankleben. Von vorne wird der mit einer Schleife verzierte Kragen angebracht.
Kleben Sie den schwarzen Haarschopf auf den Kopf. Es folgen die Klebepunkt-Augen und das zunächst mit Bleistift leicht vorgezeichnete Gesicht. Ziehen Sie die Gesichtslinien mit dem Filzstift nach und malen Sie mit dem weißen Lackstift Lichtreflexe auf die Pupillen. Binden Sie nun die Haarschleifen und kleben Sie ganz zum Schluss das Springseil in die umgeklappten Hände.

Motivgröße
ca. 20 cm x 25 cm

WER WIRD GEWINNEN?

MATERIAL:

- *Tonkarton*
- *Schwarze und weiße Klebepunkte (ø 8 mm und 12 mm)*
- *Schwarzer Filzstift*
- *Weißer Lackstift*
- *Geflochtener Baumwollfaden (ø 2-3 mm, 50 cm lang), Kordel oder Schnur*

MAUS

Bei der Maus werden die Ohren und die Vorderbeine angeklebt. Dann erhält die Maus ihr Gesicht.

HASE

Kleben Sie auf den Hasenkörper zuerst die Hose und dann das Hemd. Dann wird der Arm (oben mit aufgesetztem Ärmelteil) und der Hosenflicken angebracht. Den Schwanz befestigen Sie von hinten an der Hose. Am Kopfteil kleben Sie das Ohr samt weißer Ohrinnenfläche und das Klebepunkt-Auge an. Malen Sie schließlich dem Hasen noch die Barthaare und am Stoffflicken die Nähte auf.

(Weiter auf Seite 16)

IGEL

Der braune Kopf wird mit dem Hals an den roten Overall angelegt und dann das schwarze Stachelteil aufgeklebt. Bringen Sie am Overall die beiden Flicken an. Die Ärmel samt Hand werden einmal von vorne und einmal von hinten angebracht. Auch den Fuß kleben Sie von hinten am Overall fest. Der Igel erhält ein Klebepunkt-Auge, auf das mit weißem Lackstift ein Lichtreflex aufgetupft wird. Nun noch Nase, Mund und Ohr aufmalen. Befestigen Sie das Seil erst ganz zum Schluss, wie auf dem Bild zu sehen.

FERTIG MACHEN ZUM KAPERN!

MATERIAL:

- *Tonkarton*
- *Schwarzer Filzstift*
- *Baumwoll- oder Wollfaden (ø 1-2 mm)*
- *Mindestens 12 Rundholzstäbchen (ø 5 mm, 9 cm lang)*

PIRAT

Auf das blaue Oberkörper-Hosenteil (durchgezogene Linie) kleben Sie als Erstes das weiße Hemd (gestrichelte Linie). Von hinten werden dann Hände, Füße und Säbel angebracht. Ergänzen Sie noch Gürtel und Stoffflicken. Mit einem schwarzen Filzstift werden die Hosenbeinlinien sowie die Nähte aufgemalt. Auf den Kopf (gepunktete Linie) kleben Sie den schwarzen Haarschopf (durchgezogene Linie) und das rote Kopftuch. Zeichnen Sie auch auf dieses mit einem schwarzen Filzstift die Falten- und die Knotenlinien auf. Jetzt wird das Fernrohr von hinten an der rechten Hand und der Kopf am Körper befestigt.

STRICKLEITER

Kerben Sie die Holzstäbchen etwa 1 cm von den Enden entfernt mit dem Cutter leicht ein. Knoten Sie dann an einem Stäbchen an beiden Einkerbungen jeweils einen 1 m langen Wollfaden an. Die nächsten Holzstäbchen werden jeweils nach ca. 4 cm angeknüpft. Damit die Abstände ungefähr gleich werden und die Stäbchen parallel liegen, legen Sie die Strickleiter auf ein kariertes Blatt Papier. Die Kästchen sind stets 0,5 cm groß. Malen Sie als erste Leitersprosse eine waagrechte Kästchenreihe (9 cm breit) an, 4 cm darüber (d. h. nach 8 Kästchenreihen) wird dann die zweite Sprosse angemalt. Erweitern Sie die Leiter noch um zwei oder drei Sprossen.

TOTENKOPF-FLAGGE

Malen Sie mit schwarzem Filzstift Augen- und Nasenlöcher sowie die Zahnreihe auf den weißen Schädel und kleben Sie ihn zusammen mit den gekreuzten Knochen auf die Flagge. Diese wird an der gestrichelten Linie mit dem Cutter leicht angeritzt, sodass die Flagge mühelos an einem Wollfaden befestigt werden kann.

Motivgröße
ca. 13 cm x 27 cm

KOPFÜBER UND PUTZMUNTER

(Anleitung Seite 20)

Motivgröße
ca. 12 cm x 18 cm
ca. 18 cm x 25 cm
ca. 18 cm x 37 cm

KOPFÜBER UND PUTZMUNTER

(Abbildung Seite 18/19)

MATERIAL:

- *Tonkarton*
- *Schwarze und weiße Klebepunkte (ø 8 mm und 12 mm)*
- *Schwarzer Filzstift*
- *Weißer Lackstift*
- *Kordel, Schnur, Acryl- oder Wollfaden (ø 3 mm)*

Kopf, Rumpf und Füße sind bei allen drei Fledermäusen identisch. Zuerst wird der Rumpf und dann der angelegte bzw. die beiden angelegten Flügel aufgeklebt. Es folgt der Kopf mit den weißen Ohrinnenflächen, den Klebepunkt-Augen und dem aufgemalten Gesicht. An den Flügeln zeichnen Sie die Längslinien leicht mit Bleistift vor und ziehen sie dann mit einem schwarzen Filzstift nach. Zum Schluss werden die Füße angebracht. Fixieren Sie die Füße nur mit der einen Hälfte (die mit den drei Rundungen) am Schwanz, sodass der Faden später noch zwischen Rumpf und Füße geschoben werden kann.

GIPFELSTÜRMER

MATERIAL:

- *Tonkarton*
- *Wackelaugen (ø 12 mm)*
- *Kordel, Schnur, Acryl- oder Wollfaden ø 3 mm)*

Auf den grauen Waschbärenkörper (durchgezogene Linie) kleben Sie zuerst das schwarzweiße Gesicht mit dem Wackelauge. Anschließend werden Ohr, Pfoten und die Querstreifen (gestrichelte Linien) auf dem Schwanz angebracht. Wickeln Sie das Seil mehrmals um den Körper des Waschbären und verknoten Sie ihn. Nun kann der Bär an einem beliebigen Gegenstand entweder nach oben klettern oder sich abseilen.
Der zweite Waschbär wird gegengleich gearbeitet. Legen Sie dazu Ihre Schablonen einfach seitenverkehrt auf den Tonkarton auf, wenn Sie die Vorlage übertragen.

Motivgröße
ca. 13 cm x 24 cm

IST DAS DEIN HERRCHEN?

(Anleitung Seite 24)

Motivgröße
Kleiner Hund ca. 12 cm x 12 cm
Großer Hund ca. 19 cm x 16 cm
Kind ca. 12 cm x 22 cm

IST DAS DEIN HERRCHEN?

(Abbildung Seite 22/23)

MATERIAL:

- *Tonkarton*
- *Schwarze Klebepunkte (ø 8 mm)*
- *Schwarzer Filzstift*
- *Weißer Lackstift*
- *Geflochtener Baumwollfaden (ø 2 mm, 35 cm und 45 cm lang)*

HUNDE

Malen Sie dem kleinen Hund mit dem weißen Lackstift einen Lichtreflex auf das Klebepunkt-Auge. Dann zeichnen Sie die Nase, das Grübchen und die Ohrlinien auf. Verfahren Sie beim großen Hund genauso - die Nase kann allerdings auch aus Tonkarton ausgeschnitten und aufgeklebt werden. Danach legen Sie den Vierbeinern die Hundeleine um. Befestigen Sie nun das Ohr des großen Hundes.

KIND

Legen Sie das Kopfteil an das gelbe Rumpf-Hosenteil (durchgezogene Linien) und kleben Sie den roten Pullover (gestrichelte Linie) auf. Am Pullover werden die Ärmel samt Händen und an der Hose wird das Schuhteil angebracht. Jetzt können Sie das schwarze Haarteil und die zweiteilige Mütze aufkleben. Schwarze Filzstiftlinien deuten die Ohrmuschel an und trennen die Hosenbeine. Jetzt fehlen nur noch die Nähte.

ICH BIN DOCH GAR NICHT SO LANGSAM, WIE IHR DENKT!

MATERIAL:

- *Tonkarton*
- *Schwarzer Klebepunkt (ø 8 mm)*
- *Schwarzer und roter Filzstift*
- *Weißer Lackstift*
- *Schwarzer Wollfaden (ø 2-3 mm)*

Befestigen Sie am Schildkrötenkopf das Klebepunkt-Auge und malen Sie mit den Filzstiften Mund und Nasenloch auf. Mit dem weißen Lackstift tupfen Sie noch einen Lichtreflex auf das Klebepunkt-Auge. Kopf und Bauchteil werden von vorne und der Schwanz wird von hinten am Panzer angeklebt. Von vorne wird nun das rote Schaukelbrett angebracht. Es folgen die Arme und Beine. Binden Sie die Wollfäden an das Schaukelbrett. Die Fäden werden zu den Armen geführt und jeweils mit einem weiteren, ovalen Handteil fixiert.

Motivgröße
ca. 13 cm x 16 cm

DIE COW UND DER BOY

(Anleitung Seite 28)

MATERIAL:

- *Tonkarton*
- *Schwarze Klebepunkte (ø 8 mm)*
- *Schwarzer Filzstift*
- *Weißer Lackstift*
- *Acryl oder Wollfaden (ø 3 mm, 80 cm lang)*

**Motivgröße
Cowboy auf Pferd
ca. 27 cm x 28 cm
Rind ca. 25 cm x 19 cm**

DIE COW UND DER BOY

(Abbildung Seite 26/27)

RIND

Legen Sie das weiße Rumpfteil (durchgezogene Linie) an das Schwanzteil (Strichpunktlinie) an. Dann werden die braunen Fellflecken und die Schwanzquaste aufgeklebt. Bringen Sie noch das Maul-Nasenteil, die Hörner, die Hufe und das Klebepunkt-Auge an. Auf das Auge tupfen Sie mit einem weißen Lackstift noch einen Lichtreflex. Schwarze Filzstiftlinien trennen Vorder- bzw. Hinterbeine.

PFERD

Zuerst wird dem Pferd das Halfter (gepunktete Linie) angelegt. Es folgen die zweiteilige Mähne, der Schwanz und der Sattel. Die Hufe werden von hinten angebracht. Trennen Sie die Beinpaare mit Filzstiftlinien und malen Sie die Nüster auf. Der Zügel (Strichpunktlinie) wird erst angelegt, wenn der Reiter im Sattel sitzt.

REITER

Am Stiefel wird der Steigbügel (gepunktete Linie) befestigt, bevor er an der Hose fixiert wird. Kleben Sie das Hemd (lang gestrichelte Linie) von hinten an die Hose. Nun kann die ärmellose Jacke (kurz gestrichelte Linie) angebracht werden. Kleben Sie den Kopf von hinten ans Hemd. Von vorne werden die Haare und der Hut befestigt. Jetzt kann der Reiter im Sattel Platz nehmen. Zum Schluss noch Hutband, Ärmel samt Hand und Zügel anbringen

SEILTÄNZER

MATERIAL:

- *Tonkarton*
- *Schwarzer Filzstift*
- *Wackelaugen (ø 10 mm)*
- *Rundholzstäbchen (ø 2-3 mm, 30 cm lang, evtl. mit Wasserfarbe angemalt)*
- *Kordel, Schnur oder Baumwollfaden (ø 2 mm)*

Zeichnen Sie auf das rote Schnabelteil (gestrichelte Linie) mit schwarzem Filzstift die Nasenlöcher und die Schnabelteilung auf. Kleben Sie das Schnabelteil zusammen mit den Wackelaugen auf den Entenkopf. Die beiden Füße werden am Rumpf befestigt. Ritzen Sie den rechten Entenfuß auf der Vorderseite an der gepunkteten Linie mit dem Cutter leicht an und klappen Sie den unteren Teil nach hinten um, sodass die kleine Ente später am Faden befestigt werden kann. Die Flügelspitzen werden auf der Rückseite an den gepunkteten Linien ebenfalls mit dem Cutter angeritzt und nach vorne umgeklappt. Kleben Sie das Rundholzstäbchen unter die nach vorne geklappten Flügelspitzen. Nun kann der Tanz auf dem Seil beginnen.

Motivgröße
ca. 16 cm x 20 cm

SCHAUKELNDE SCHWERGEWICHTE

MATERIAL:

- *Tonkarton*
- *Streifen-Tonkarton*
- *Schwarze und weiße Klebepunkte (ø 8 mm und 12 mm)*
- *Schwarzer Filzstift*
- *Weißer Lackstift*
- *Schnur, Kordel oder Baumwollfaden (ø 2 mm)*

Kleben Sie auf den Rumpf (durchgezogene Linie) jeweils den eiförmigen, gestreiften Badeanzug (lang gestrichelte Linie) und darauf die beiden Füße. Am Kopf werden die Klebepunkt-Augen angebracht und die Ohrmuscheln mit Filzstift aufgemalt. Am Schnauzenteil (kurz gestrichelte Linie) mit den schwarzen Klebepunkten wird von hinten der Unterkiefer mit dem kleinen roten Maulteil (gepunktete Linie) befestigt.
Nun wird das Schnauzenteil auf den Kopf geklebt. Drehen Sie das Nilpferd um und ritzen Sie es am Handrücken jeweils an der gestrichelten Linie mit dem Cutter leicht an, sodass die Finger nach vorne umgeklappt werden können. Auf diese Weise wird das Nilpferd am Seil befestigt.

SO GESCHICKT UND FRECH IST KEINER

(Abbildung Seite 32)

MATERIAL:

- *Tonkarton*
- *Schwarze Klebepunkte (ø 8 mm)*
- *Schwarzer Filzstift*
- *Weißer Lackstift*
- *2 rote Knöpfe (ø 12 mm)*
- *Schnur, Kordel oder Baumwollfaden (ø 2 mm)*

Am braunen Affenkörper (gestrichelte Linie) werden von hinten Hände und Füße angeklebt. Ritzen Sie die Hände auf der Rückseite mit dem Cutter quer zu den Fingern (durchgezogene Linie) leicht an und klappen Sie die Finger nach vorne. Nun wird zuerst die Hose (gepunktete Linie) und dann die Jacke mit den roten Ärmelaufschlägen aufgeklebt. Auf das braune Kopfteil kleben Sie als Erstes das herzförmige Gesicht (gepunktete Linie) und dann das runde Mund-Nasenteil. Die Augen sind Klebepunkte, auf die mit weißem Lackstift Lichtreflexe aufgetupft werden. Mund und Nasenlöcher werden zuerst mit Bleistift leicht vorgezeichnet und dann mit schwarzem Filzstift nachgezogen. Kleben Sie die Ohren von hinten an. Achten Sie beim Aufsetzen der zweiteiligen Mütze darauf, dass das Haarbüschel an der hinteren Mützenöffnung sichtbar ist. Schließlich kleben Sie den Kopf sowie die beiden Knöpfe auf die Jacke.

Motivgröße
ca. 21 cm x 20 cm

SO GESCHICKT UND FRECH IST KEINER

(Anleitung Seite 30)

Motivgröße
ca. 15 cm x 30 cm